따라하면
똑똑해지는
그림그리기

따라하면 똑똑해지는 그림그리기

초판 1쇄 인쇄 2016년 8월 19일
초판 1쇄 발행 2016년 8월 26일

지은이 황진

발행인 장상진
발행처 경향미디어
등록번호 제313-2002-477호
등록일자 2002년 1월 31일

주소 서울시 영등포구 양평동 2가 37-1번지 동아프라임밸리 507-508호
전화 1644-5613 | **팩스** 02) 304-5613

ⓒ 황진

ISBN 978-89-6518-188-0 13650

· 값은 표지에 있습니다.
· 파본은 구입하신 서점에서 바꿔드립니다.

단계별 쉽게 완성되는 그림
265

따라하면 똑똑해지는 그림그리기

황진 지음

경향미디어

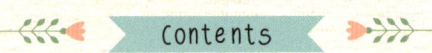

Contents

이 책의 사용법

 PART 1. 만나고 싶어요

원숭이, 기린, 얼룩말, 치타, 새, 호랑이, 코끼리
코알라, 플라밍고, 거북이, 코뿔소, 캥거루, 악어, 낙타
고양이, 강아지, 말, 젖소, 양, 닭, 오리, 당나귀, 돼지, 토끼
곰, 너구리, 사슴, 다람쥐, 올빼미, 학, 사자, 여우
배, 돌고래, 파라솔, 갈매기, 소라게, 꽃게, 조개, 야자수
고래, 새우, 붉은 꼬리 물고기, 황새치, 가재, 진주조개, 가오리, 문어
흰동가리, 가자미, 상어, 해파리, 산호, 오징어, 해마, 잠수함
용, 아파토사우루스, 스테고사우루스, 티라노사우루스, 시조새
박쥐, 이구아나, 나비, 달팽이, 애벌레, 무당벌레, 개구리, 잠자리
벌, 나무1, 나무2, 나무3, 꽃1, 꽃2, 꽃3, 꽃4, 공작새
타조, 펭귄, 판다, 강아지

 PART 2. 맛있는 게 많아요

양배추, 배추, 아스파라거스, 파, 양파, 비트루트, 당근, 마늘, 비행기
완두콩, 가지, 파프리카, 브로콜리, 버섯, 옥수수, 호박, 헬리콥터
수박, 바나나, 사과, 배, 땅콩, 키위
파인애플, 포도, 토마토, 오렌지, 레몬, 딸기
크루아상, 컵케이크, 롤케이크, 조각케이크, 딸기케이크, 도넛, 머핀, 바게트
파르페, 우유, 콘아이스크림, 아이스크림바, 초콜릿, 캔디, 잼, 쿠키
저울, 컵, 계량컵, 국자, 주전자, 밀크워머, 거품기, 뒤집개, 냄비, 식빵, 토스터
셰프, 웨이터, 햄버거, 프라이팬, 김밥, 네모치즈, 세모치즈, 피자

PART 3. 주위에서 볼 수 있어요

비행기, 승용차, 오픈카, 앰뷸런스, 버스, 트럭
크레인, 불도저, 포크레인, 레미콘, 덤프트럭, 스팀롤러, 굴삭기
유조차, 자전거, 쓰레기차, 트랙터, 대형화물차, 견인차
침대, 소파, 텔레비전, 냉장고, 세탁기, 청소기
아기, 임산부, 유모차, 베이비수트, 우유병, 공갈젖꼭지
야구점퍼, 야구모자, 반바지, 셔츠, 후드티, 페도라, 운동화
블루드레스, 러플드레스, 스트라이프셔츠, 피케셔츠, 코트, 구두

PART 4. 특별한 날이에요

쥐, 몬스터1, 몬스터2, 유령, 마녀, 거미
산타클로스, 엘프, 크리스마스트리, 솔방울, 리스, 오너먼트1, 오너먼트2, 호랑가시나무열매
어부, 텐트, 모닥불, 카메라, 캠핑카, 스쿠터
비옷, 펼친 우산, 접은 우산, 장화, 귀마개, 털모자, 머플러, 장갑, 눈사람
왕, 여왕, 궁전
이글루, 피사의사탑, 에펠탑, 집, 한옥, 빅벤, 성

PART 5. 크면 할 수 있어요

기차, 소방차, 소방관
우주비행사, 공군, 스튜어디스, 로켓, 전투기
트럼펫, 색소폰, 피아노, 플루트, 바이올린, 음악가
드럼, 기타, 우쿨렐레, 실로폰, 탬버린, 마이크, 북
전화기, 선풍기, 책상, 조명, 의자, 컴퓨터, 선생님
의사, 간호사, 경찰, 해군
화가, 발레리나, 농부, 축구선수

이 책의 사용법

이 책에는 설명이 따로 없어요. 누구나 쉽게, 눈으로만 보고도 따라 그릴 수 있도록 되어 있습니다. 내 아이를 위해 그림을 잘 그려주고 싶은 엄마들과 이것저것 그리고 싶지만 아직 조금 서툰 아이를 위한 책입니다. 이 책에 담긴 265가지 다양한 그림을 통해 쉽고 즐겁게 그림을 그려보아요.

이 책을 좀 더 쉽게 사용할 수 있는 방법은 먼저 연필로 밑그림을 그리는 것입니다. 이렇게 그림의 순서를 따라 그린 후에 색연필이나 펜, 사인펜 등으로 연필 선 위를 따라 그립니다. 마지막으로는 연필 부분을 지워줍니다. 그림 스케치 완성!

조금 익숙해지면 연필로 밑그림 그리기 과정을 생략하고 바로 색연필이나 크레용으로 그리면 됩니다. 스케치를 완성하였다면 크레용, 색연필, 물감 등의 다양한 도구로 색을 채워 넣으면 더욱 멋진 그림이 됩니다. 책의 완성 그림과 자신의 그림이 똑같지 않다고 속상해하지 마세요. 이 책에서 알려주는 순서를 따라 나만의 분위기로 그리는 것도 아주 좋은 방법입니다.

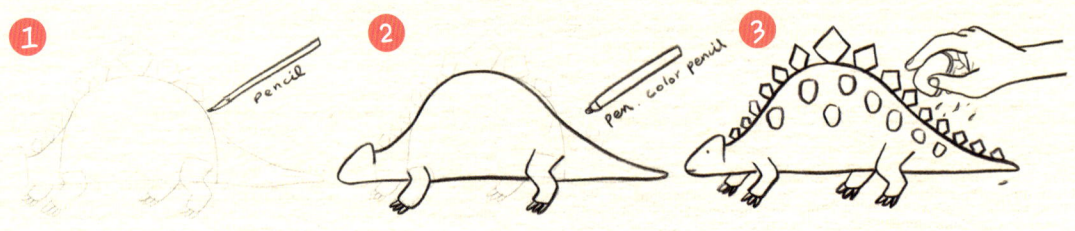

그림 구성

이 책은 아래와 같이 5가지 테마로 나누어져 있습니다.

1장 '만나고 싶어요'에는 아이들이 좋아하는 사자와 기린, 펭귄 등의 동물들이 등장합니다.
2장 '맛있는 게 많아요'에는 맛있는 과일과 야채, 음식, 달콤한 아이스크림 등이 나옵니다.
3장 '주위에서 볼 수 있어요'에는 주변에서 볼 수 있는 건물, 상점들과 가전제품들이 있습니다.
4장 '특별한 날이에요'에는 특별함을 선사하는 산타할아버지, 공주와 왕자, 유령 등이 등장합니다.
5장 '크면 할 수 있어요'에서는 꿈이 많은 아이들이 되고 싶어 하는 우주비행사, 소방관 등의 다양한 직업을 만날 수 있습니다.

그리는 순서

그림들은 도형으로 시작하여 색과 완성 과정까지 몇 가지 단계로 나누었습니다. 각각 시작 부분을 찾아 순서대로 따라 그리면 됩니다. 순서대로 따라 그린 후 변형과 응용을 해보아도 좋습니다.

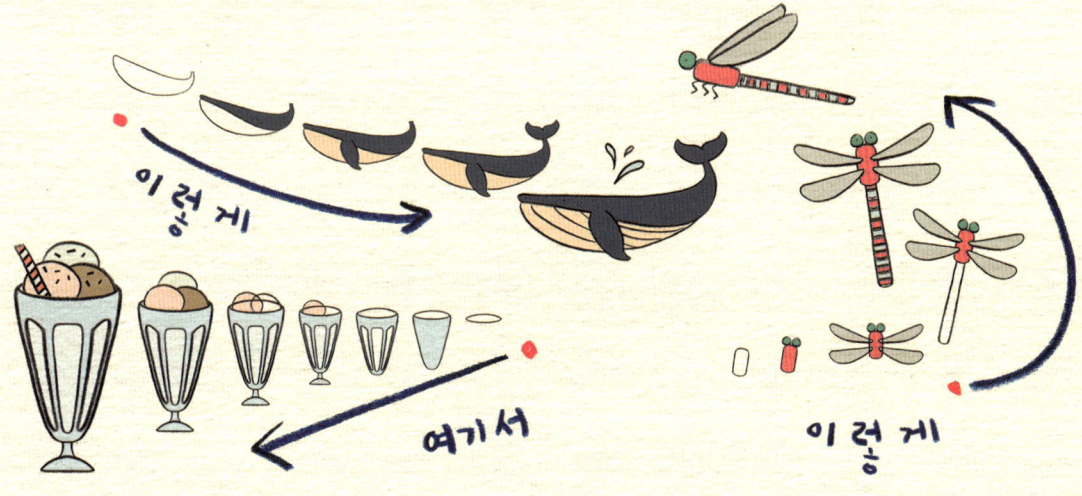

그리기 재료

그림을 그리기 위해 꼭 어떤 특별한 재료는 필요 없습니다. 무엇이든 나에게 가장 잘 맞는 재료를 이용하면 됩니다. 앞서 설명한 것과 같이 처음에는 연필을 사용하고, 그 위에 펜이나 색연필로 따라 그린 후 연필 선을 지우면 그림이 깔끔하게 완성됩니다. 이 작업이 익숙해졌을 때 다른 도구를 이용해도 좋습니다.

도구들의 특징

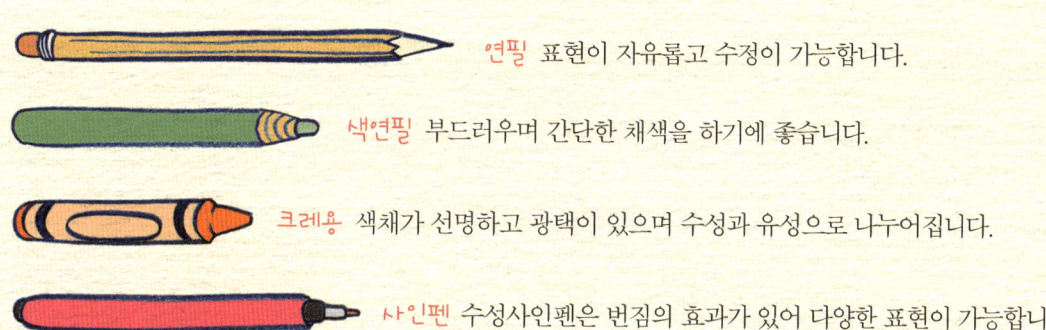

연필 표현이 자유롭고 수정이 가능합니다.

색연필 부드러우며 간단한 채색을 하기에 좋습니다.

크레용 색채가 선명하고 광택이 있으며 수성과 유성으로 나누어집니다.

사인펜 수성사인펜은 번짐의 효과가 있어 다양한 표현이 가능합니다.

PART 1
만나고 싶어요

원숭이, 기린, 얼룩말, 치타, 새, 호랑이, 코끼리
코알라, 플라밍고, 거북이, 코뿔소, 캥거루, 악어, 낙타
고양이, 강아지, 말, 젖소, 양, 닭, 오리, 당나귀, 돼지, 토끼
곰, 너구리, 사슴, 다람쥐, 올빼미, 학, 사자, 여우
배, 돌고래, 파라솔, 갈매기, 소라게, 꽃게, 조개, 야자수
고래, 새우, 붉은 꼬리 물고기, 황새치, 가재, 진주조개, 가오리, 문어
흰동가리, 가자미, 상어, 해파리, 산호, 오징어, 해마, 잠수함
용, 아파토사우루스, 스테고사우루스, 티라노사우루스, 시조새
박쥐, 이구아나, 나비, 달팽이, 애벌레, 무당벌레, 개구리, 잠자리
벌, 나무1, 나무2, 나무3, 꽃1, 꽃2, 꽃3, 꽃4, 공작새
타조, 펭귄, 판다, 강아지

PART 2

맛있는 게 많아요

양배추, 배추, 아스파라거스, 파, 양파, 비트루트, 당근, 마늘, 비행기
완두콩, 가지, 파프리카, 브로콜리, 버섯, 옥수수, 호박, 헬리콥터
수박, 바나나, 사과, 배, 땅콩, 키위
파인애플, 포도, 토마토, 오렌지, 레몬, 딸기
크루아상, 컵케이크, 롤케이크, 조각케이크, 딸기케이크, 도넛, 머핀, 바게트
파르페, 우유, 콘아이스크림, 아이스크림바, 초콜릿, 캔디, 잼, 쿠키
저울, 컵, 계량컵, 국자, 주전자, 밀크워머, 거품기, 뒤집개, 냄비, 식빵, 토스터
셰프, 웨이터, 햄버거, 프라이팬, 김밥, 네모치즈, 세모치즈, 피자

PART 3

주위에서 볼 수 있어요

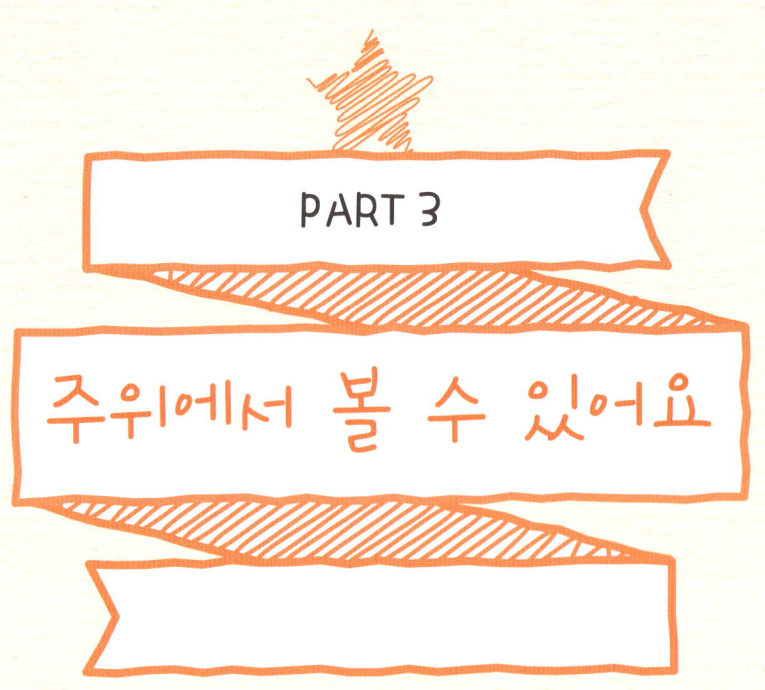

비행기, 승용차, 오픈카, 앰뷸런스, 버스, 트럭
크레인, 불도저, 포크레인, 레미콘, 덤프트럭, 스팀롤러, 굴삭기
유조차, 자전거, 쓰레기차, 트랙터, 대형화물차, 견인차
침대, 소파, 텔레비전, 냉장고, 세탁기, 청소기
아기, 임산부, 유모차, 베이비수트, 우유병, 공갈젖꼭지
야구점퍼, 야구모자, 반바지, 셔츠, 후드티, 페도라, 운동화
블루드레스, 러플드레스, 스트라이프셔츠, 피케셔츠, 코트, 구두

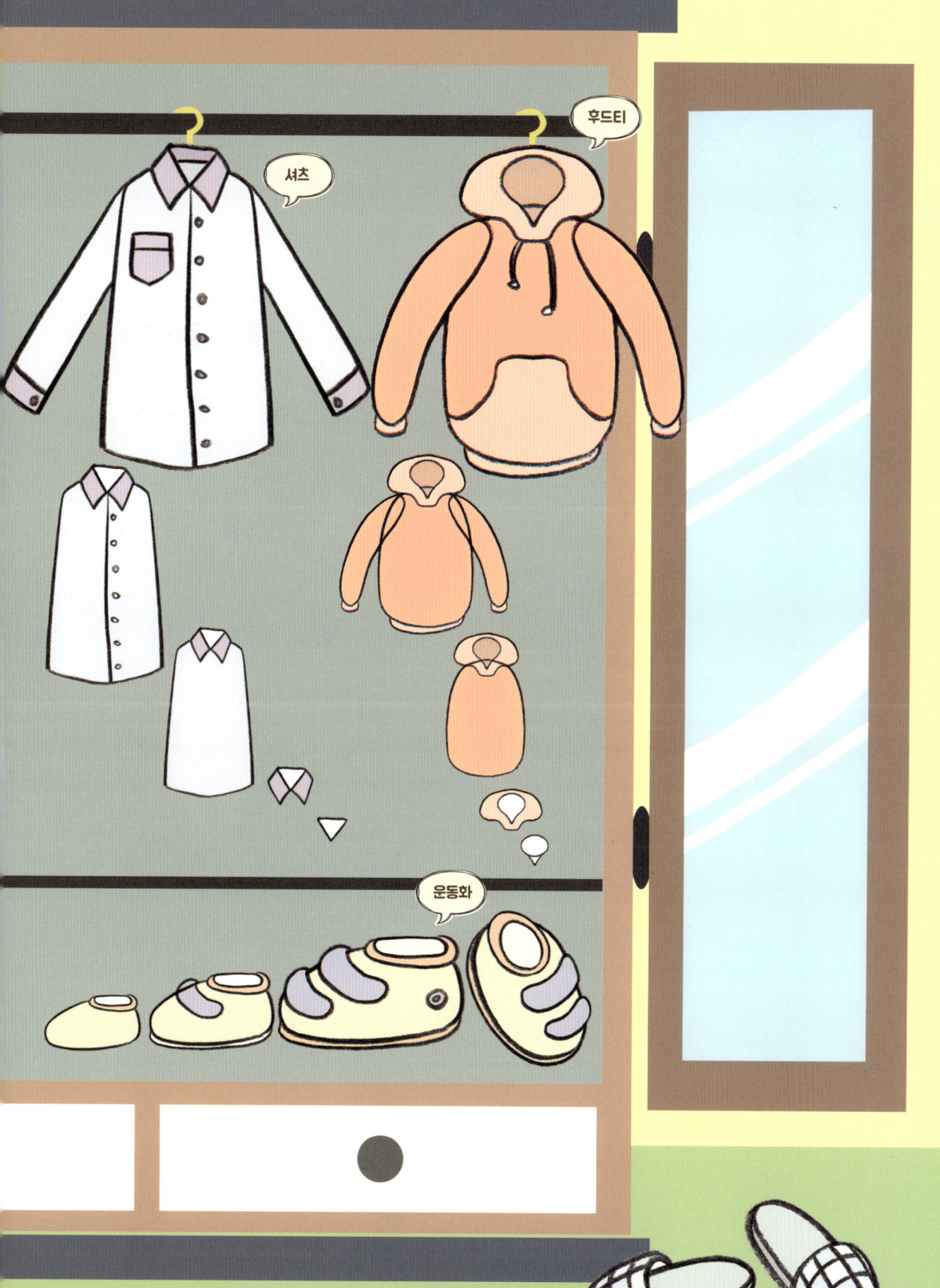

BOUTIQUE

PART 4
특별한 날이에요

쥐, 몬스터1, 몬스터2, 유령, 마녀, 거미
산타클로스, 엘프, 크리스마스트리, 솔방울, 리스, 오너먼트1, 오너먼트2, 호랑가시나무열매
어부, 텐트, 모닥불, 카메라, 캠핑카, 스쿠터
비옷, 펼친 우산, 접은 우산, 장화, 귀마개, 털모자, 머플러, 장갑, 눈사람
왕, 여왕, 궁전
이글루, 피사의사탑, 에펠탑, 집, 한옥, 빅벤, 성

PART 5
크면 할 수 있어요